Uwe Strakosch

Der Tod ist nicht das Ende

Uwe Strakosch

Der Tod ist nicht das Ende

Was ist der Tod, was verbinden wir mit ihm?

Gibt es ein Danach, wie gehe ich mit Abschied und Loslassen um?

MIX
Papier aus verantwortungsvollen Quellen
Paper from responsible sources
FSC® C105338

Bibliografische Information der Deutschen Nationalbibliothek: Die Deutsche Nationalbibliothek verzeichnet diese Publikation in der Deutschen Nationalbibliografie; detaillierte bibliografische Daten sind im Internet über http://dnb.dnb.de abrufbar.

Verlag: BoD · Books on Demand GmbH, In de Tarpen 42,

22848 Norderstedt, bod@bod.de

Druck: Libri Plureos GmbH, Friedensallee 273, 22763 Hamburg

ISBN: 978-3-7693-2662-8

INHALT

Vorwort

„Der Tod ist die beste Erfindung, denn er schafft Platz für Neues", so sagte es der früh gestorbene Apple-Gründer Steve Jobs im Angesicht seines nahen Sterbens. Dieser Satz zeigt keine Furcht vor dem Tod, sondern einfach eine Notwendigkeit. Wir sind ganz allein und einsam, wenn wir geboren werden und wenn wir sterben.

Doch viele Menschen haben Angst vor dem Tod, weil er eben etwas Endgültiges ist. Manche sterben einsam, nicht mal ein lieber Verwandter oder Freund ist in der Nähe, in der Sterilität eines Krankenhauses mit zig Schläuchen und Apparaten umgeben oder in einem Hospiz von fremden Begleitern in den Tod betreut.

Manche ereilt der Tod plötzlich durch einen Unfall oder Herzinfarkt. Angehörige sprechen manchmal von einem qualvollen Leiden, langem Kampf oder auch von einem schönen schnellen Tod. So unterschiedlich kann die Betrachtung sein. Menschen kämpfen um ihr Leben und kommen wieder zurück; andere wollen einfach nicht mehr, weil ihnen das Dasein zu beschwerlich geworden ist, die Bürde des Alters oder der Krankheit macht sie überdrüssig vom Leben.

Vor allem Ältere reden und denken viel über den Tod. Er rückt unaufhaltsam näher. Die Gedanken kreisen sich um das Ende: Was wird danach? Wie geht Sterben? Tut es weh? Ist es schlimm? Was passiert beim letzten Atemzug? Wie entwickelt sich die Welt, die eigenen Kinder weiter? Was geschieht nach dem Tod? War ich ein

guter oder schlechter Mensch? Komme ich in den Himmel oder in die Hölle? Gibt es ein Leben danach? Ist alles umsonst gewesen?

Solche Gedanken bedrücken und machen das Jetzt dunkel, belasten das Rest-Leben. Wer so denkt wie Steve Jobs, lebt bis zum letzten Tag in vollen Zügen und weist die Gedanken an den Tod von sich. Das Sterben kommt so oder so, warum soll man sich deshalb im Leben damit belasten? „Et kütt wie et kütt“, sagt der Kölner. Also genießen wir doch einfach jeden Tag so als sei es unser letzter. Carpe diem – lebe (genieße) den Tag.

Kein Thema ist von so vielen Tabus belegt wie der Tod. Man möchte nicht darüber reden und doch muss man. Wie möchtest Du einmal bestattet werden? Hast Du ein Testament gemacht? Dieses Buch soll Ihnen einen anderen Blick vermitteln, mit dem Sterben ganz normal umzugehen. Es möchte Ihnen die Ängste vor dem Tod nehmen und Techniken/Tipps vermitteln, wie Sie Ihr Leben, leben und nicht Ihr Sterben endlos lange zelebrieren. Mut machen, Lebensqualität gewinnen – bis zum letzten Tag.

Welche Gedanken treiben uns denn am Ende?

Menschen am Ende ihrer Tage reden viel über Krankheiten, die Beschwerlichkeiten des Alters, über Arztbesuche, Tabletten, Klinikaufenthalte, Operationen – alles dunkle, dumpfe Themen. Sie reden viel über gestorbene Nachbarn,

Verwandte („Ich bin noch der einzige Verbliebene aus meiner Generation, bald erwischt es mich auch!"). Sie lesen bevorzugt Todesanzeigen. Sie erinnern sich an alte Zeiten, an Krieg und Verlust, Aufbau und Familiengründung. (Weißt Du noch, als Du klein warst...?"). Verlustängste beschäftigen Menschen kurz vor dem Tod. Sie verlieren ihre Liebsten, ihre Kinder und Enkelkinder und wissen nicht mehr, wie es dann weitergeht. Menschen spüren ihr nahendes Ende und gehen quasi auf Abschiedstour, ohne dass ihre Umgebung es so wahrnimmt. Sie schauen noch mal nach dem Rechten, ob alles ok ist, das Feld gut bestellt scheint. Sie spüren buchstäblich, wann der Tod vor ihrer Tür steht.

Die Mutter einer Bekannten besuchte eine Woche vor ihrem Tod ihre drei Kinder. Es fiel ihr schwer, eine kurze Runde ums Haus zu gehen. Die Bekannte sagte mir später: „Ich habe gemerkt, dass es bald mit ihr zu Ende geht." Ich habe es nicht wahrgenommen. Ihre Gespräche drehten sich darum, ob alles nun geregelt sei. Sie wollte wissen, wie sich die Kinder endgültig eingerichtet, etabliert hatten und ob ihr Leben in geregelten Bahnen verlief. Erst als sie ein gutes Gefühl hatte, dass alles zum Besten bestellt war, kam sie plötzlich ins Krankenhaus und starb völlig überraschend. Man nennt das den inneren Frieden finden, Zufriedenheit darüber gewinnen, dass man selbst alles richtig und gut gemacht hat und dass man nun guten Gewissens gehen kann.

Und im Angesicht des Todes werden die meisten versöhnlich. Sie vergessen jahrelange Feindschaften und wollen sich in ihrer letzten Stunde doch noch arrangieren, ihren Frieden schließen. Sie

verzeihen und vergeben, verlangen nach Angehörigen, die sie jahrelang nicht mehr gesehen haben. Sie wollen doch noch Abschied nehmen und in Frieden gehen. Es wäre ja auch schrecklich, wenn man auf dem Sterbebett noch weiter streitet. Alles muss bereinigt werden, sonst kann man diese Welt nicht gut verlassen. Und das ist auch gut so, sich am Ende noch mal so richtig zu versöhnen. Dieses Bild bleibt für immer in Erinnerung. Manche sind materialistisch bestimmt, andere eher emotional. Es gibt Menschen, die bis ins kleinste Detail ihren letzten Besitz aufteilen, vielleicht schon zu Lebenszeiten noch verteilen, exakt bestimmen, wer was bekommt („Lisa soll meinen Schmuck haben, Kai meine Bildersammlung und Enkeltochter Ramona meine Möbel bekommen.") Anderen ist es völlig egal, sie bestimmen nichts. Viele wollen aber keinen Zank und Streit über die letzte Habe aufkommen sehen und hinterlegen ein Testament.

Viele Menschen räumen auch selbst noch kurz vor ihrem Abschied auf. Sie wollen nicht, dass bestimmte persönliche Dinge in unbekannte Hände fallen. Es gibt Geheimnisse, Doppelleben.

Im digitalen Zeitalter säubern Menschen vor ihrem Tod Festplatten oder vernichten sie. Doch manchmal kommt das Aufräumen zu spät, weil der Tod plötzlich eintritt oder man körperlich dazu nicht mehr in der Lage ist.

Menschen beschäftigt vor ihrem Ende hin und wieder auch die Frage, ob sie noch schnell ihre langjährige Partnerin oder den Partner heiraten. Manchmal erscheint der Standesbeamte noch am Sterbebett. Andere wiederum beschäftigt die Frage nach einem Abschied im Gottvertrauen. Sie verlangen nach einem Pfarrer und

einem letzten gemeinsamen Gebet. Oft hören diese Menschen nach dem letzten Amen des Geistlichen auf zu atmen. Als ob es das gewesen war, was Ihnen noch fehlte, um endgültig zu gehen.

Gerne würde man mit solchen Menschen noch einmal reden: Was hast Du gesehen, was empfunden, wie ging es Dir dabei, war es hilfreich, hat es Dich mit der Welt versöhnt? Wir haben nur wenige Berichte und Erkenntnisse über die so genannte Nahtoderfahrung, Menschen also, die schon klinisch tot waren und doch noch wieder ins Leben zurückgekommen sind.

Wie schnell verblasst die Erinnerung

Alte Menschen werden plötzlich gläubig oder spirituell, versöhnen sich wieder mit ihrem Gott oder der Kirche, finden zurück zum Glauben, gehen wieder in den Gottesdienst und beten. Sterbende werden versöhnlich, verzeihen, machen reinen Tisch. Sie ordnen ihr Leben, um nicht auch noch den Frust der vergangenen Jahre mit ins Grab zu nehmen. Wenngleich man auch von vielen Toten später behaupten wird: „Er hat sein Geheimnis mit ins Grab genommen."

Manchmal enden Familiengeschichten auch mit dem Tod. Erinnerungen lassen nach, es wird ausgemistet, alte Fotos weggeschmissen. Hätte man doch Lebzeiten öfter miteinander gesprochen. Man

will doch selbst auch wissen, wo man hergekommen ist, wer die Großeltern waren – aber schnell verblasst die Erinnerung. Es bleibt vielleicht ein Grabstein, der auch nach zehn oder zwanzig Jahren langsam in Vergessenheit gerät. Zerfallene Gräber auf den Friedhöfen zeugen vom Desinteresse der Verwandten, sie werden zu namenlosen Ruinen.

Bestattungskultur lässt tief blicken

Die eine Kultur mit ihren Toten umgeht, lässt auch tiefe Rückschlüsse darauf zu, ob man Angst davor hat. Bei uns findet Sterben vielfach im Verborgenen statt, in Krankenhäusern, auf sterilen Intensivstationen, in Hospizen – selten zu Hause. Man möchte nicht so gern eine Leiche später im Haus haben. Ganz anders dagegen in Südamerika oder China und anderen Kulturen. Der oder die Tote wird zu Hause aufgebahrt und alle Angehörigen, Freunde und Nachbarn nehmen am offenen Sarg oder Bett Abschied. Wir überlassen das schnell einem Bestatter, sollte jemand zuhause gestorben sein. Der holt den Leichnam ab und kümmert sich um den ganzen Rest.

In anderen Ländern wird der Sarg durchs Viertel getragen, begleitet von einem Trauerzug, Musik, Fahnen und Böllerschüssen. Geht man über chinesische und auch südamerikanische Friedhöfe, findet man Bilder der Gestorbenen auf den Gräbern, was bei uns eher selten ist. Das alles lässt tief blicken auf den Umgang mit dem Tod: Die einen

sehen es eher hoffnungsvoll, die anderen dagegen düster. In jeder Kultur ist klar: wenn ein lieber Angehöriger nicht mehr unter uns ist, können wir uns nicht mehr mit ihm treffen, unterhalten, lachen oder weinen. Aber manche haben eher die Hoffnung auf ein Wiedersehen oder wollen auch in der Öffentlichkeit die positive Erinnerung wachhalten.

Nahtoderfahrungen, wie ist das genau

Gerne würden wir mehr darüber wissen, wie das ist, wenn Menschen vom Leben in den Tod übergehen. Leider können wir sie meistens nicht mehr befragen oder Gründe der Pietät verbieten es uns, einen Sterbenden noch zu befragen. Doch es gibt auch Fälle, in denen Dahinsiechende berichten, was sie gerade erleben. Und dann gibt es vor allem diejenigen, die bereits klinisch tot waren und sich doch wieder ins Leben zurückgekämpft haben.

Wie ist das mit dem Sterben? **Tut es weh**? Zuckt der Körper noch einmal zusammen? Wie ist das, wenn das Herz aufhört zu schlagen, wenn die Lunge nicht mehr atmet? Welches Gefühl ist es, hat man Schmerzen?

Doch ich kann Sie alle beruhigen: Menschen, die sterben, schlafen sanft ein. Auf einmal hört der Puls auf zu schlagen, ein Alarmsignal an den Maschinen ertönt, der letzte Atemzug ist vorbei. Menschen

im Sterben bekommen starke Medikamente, Morphium. Denn die Angst davor, nicht genug Luft zu bekommen, die Atembeklemmung ist die schlimmste. Und diese Angst nimmt man mit starken Medikamenten, so dass der Patient keine Luft-Not verspürt.

Natürlich gibt es auch **anderes Sterben**, den Herzinfarkt, den Unfall, den Selbstmord, den Schlaganfall, den Krebstod. Das ist mit anderem Leid und Leiden verbunden. Der Herzinfarkt verursacht kurzzeitig höllische Schmerzen, ein Stechen in der Brust, ein Enge-Gefühl als würde es den Brustkorb zerreißen. Aber meist nennt man das auch den Sekunden-Tod, weil dieser Zustand schnell zum Tod führt.

Es gibt Unfälle, die man nur knapp überlebt. Wir können allenfalls den Moment empfinden, der jedoch schnell wieder verfliegt, weil wir uns weiter im Leben wähnen und eben nicht im Übergang zum Tod. Sicher, schwere Unfälle können böse Traumata hinterlassen, oft noch nach Jahren. Aber wir leben ja doch noch und haben nie die Erfahrung eines nahen Todes gemacht.

Es gibt aber auch Fälle, in denen Menschen den **Zustand in den Tod hinein beschreiben**, weil sie dann wieder aufgewacht sind – aus einem **Koma**, aus einem klinischen Tod oder einfach wiederbelebt worden sind.

Ausgerechnet ein **amerikanischer Neurochirurg, „Dr. med. Eben Alexander"** hatte eine solche Erfahrung, als er mit einer schweren bakteriellen Hirnhautentzündung ins Koma fiel – Überlebenschance drei Prozent, und die auch nur mit bleibenden Gehirnschäden. Doch

der Mediziner überstand den tödlichen Zustand und ist heute wieder vollkommen fit, praktiziert erneut als Arzt – ein medizinisches Wunder. Er hat ein Buch **(„Blick in die Ewigkeit“)** über seine **Nahtoderfahrung** veröffentlicht. Bei ihm sind Erinnerungen aus seiner Zeit, als er fast tot war, hängen geblieben.

Forscher glauben an eine **Existenz**, an ein **Funktionieren unseres Gehirns unabhängig vom Körper**. Das Gehirn könne sterbenden Menschen Bilder von Lichtblitzen oder ähnlichem vorgaukeln. Das ist genau der Knackpunkt: Kann unser Gehirn unabhängig von allen körperlichen Funktionen arbeiten, gibt es so etwas wie Parallelwelten – Körper und Gehirn unabhängig voneinander?

Darüber streiten Wissenschaftler bis heute. Der Körper ist längst tot, doch das Gehirn arbeitet weiter? Ist es dann so etwas wie Seele? Gibt es unsichtbare Reaktionen wie Stromstöße, Reflexe.

Der amerikanische Neurochirurg, von dem hier die Rede ist, war bis zu dem Zeitpunkt seines eigenen Erlebnisses davon überzeugt, dass es ein **Bewusstsein außerhalb des Körpers nicht geben könne**. Das **Gehirn sei die Maschine, die das Bewusstsein erzeugt**. Stelle diese Maschine ihre Funktion ein, komme auch das Bewusstsein zum Erliegen. **Zieht man den Stecker raus, geht auch der Fernseher aus.**

Der Arzt betreute selbst zahlreiche Patienten, die nach schweren Hirnschäden im Koma lagen, manche davon dem Tod nur knapp

entronnen. Wenn die dann von Begegnungen mit lieben Verstorbenen in einer anderen Welt sprachen, von Licht und Liebe, tat der Neurochirurg das als eine **Fantasie** ab, die **von Kummer und Schmerz ausgelöst** war.

Doch als er selbst im Koma lag, fand er sich eben in einer solchen Welt wieder. Das **Gehirn** kann Menschen **kurz vor dem Tod** solche Erfahrungen **vorgaukeln**, glauben zumindest Wissenschaftler. Nun kommt aber das **Erstaunliche**:

Aufgrund seiner Hirnhautentzündung **fielen** bei dem Neurochirurgen die **Hirnfunktionen des Neo-Cortex komplett aus**, und die sind eben für das **Bewusstsein zuständig. Deshalb sei eine solche Erklärung für seine Nahtoderfahrungen nicht möglich**, schrieb er in seinem Buch.

Als Neurochirurg kennt er sich besonders gut mit den Vorgängen im Gehirn aus. Er kommt auf eine **andere Erklärung**: das so genannte „**Neustart-Phänomen**", dass in seinem Fall passiert sein könnte. Das Gehirn würde dabei Ansammlungen von nicht zusammenhängenden Erinnerungen und Gedanken abspielen, bevor es sich letztlich ganz verabschiedete. Das ist fast so, wie wenn eine **Festplatte im Computer ihren Geist aufgibt** und kurz vor dem **Blackout wirre Zahlenfolgen und Textzeilen** noch mal abspielt, die keinen Sinn mehr ergeben, bevor der Bildschirm vom Farbmodus in den so genannten Black screen übergeht und man eben nichts mehr sieht. Doch letztendlich widerlegt er alle Erklärungs-Ansätze. Er spricht

von einer **Unterwelt**, dem **Übergang und dem Zentrum**, von **rosa Wolken** aus will er ins Zentrum gelangt sein und eben dorthin, wo er **Gott selbst begegnet** sei.
Die Schilderungen über seine eigene Nahtoderfahrung sind die bisher eindrucksvollsten und konkretesten, die ein Mensch je erlebt und an die er sich auch noch wieder erinnert hat.

Für den Arzt jedenfalls gibt es nur eine Lösung: **Es existiert ein Bewusstsein, das ohne den Körper leben kann.** Der amerikanische Neurochirurg schildert blumenreich seine **Reise in die andere Welt**. Er habe dabei **verschiedene Stationen** durchlaufen. Seine andere Welt nennt er die **Unterwelt** oder das **„Reich der Regenwurm Perspektive“**, den **Übergang** und das **Zentrum.**
Auf seiner **ersten Station** sei er in ein rotbraunes Meer aus Objekten eingetaucht, die wie Wurzeln und Blutgefäße aussahen – in einem gewaltigen schlammigen Mutterleib. Und der Arzt war mittendrin, tief in der Erde. Aus ihr seien manchmal groteske Tiergesichter hervorgekommen; sie stöhnten und krächzten, und sie verschwanden wieder. Und es roch nach Kot, Blut und Erbrochenem, alles andere wie Gefühl, Sprache oder Logik seien weg gewesen.

Dann kam ein Tunnel mit Licht, der leitete ihn in den **Übergangsbereich.** Dort waren üppig grüne, erdähnliche Landschaften. Der Chirurg flog im Koma über Bäume und Felder.
Ins **Zentrum** selbst gelangte er über rosa-weiße Wolken, dort sei er **Gott selbst begegnet** – eine **tiefschwarze Dunkelheit**, zugleich

übervoll mit Licht. Der Neurochirurg: „Er kannte mich in- und auswendig und sprudelte über vor Eigenschaften, die ich mein ganzes Leben lang nur mit menschlichen Wesen in Verbindung gebracht hatte: **Wärme, Mitgefühl, Pathos und sogar Humor und Ironie**." Die **Liebe** wäre das Herzstück der **anderen Welt** gewesen, beschreibt er seine Nahtoderfahrung weiter. Insofern kann der **Tod nichts Schreckliches** sein, im Gegenteil: ein **angenehmes Erlebnis** und erstrebenswert obendrein. Als einen **einfachen Traum** hält er die Erinnerung für **zu realistisch** und eine **Fantasie**, an die er sich so **detailliert erinnerte**, die ihm sein nicht mehr funktionsfähiger Neo-Cortex vorgespielt haben soll, **schließt er aus**.
Seine Nahtoderfahrung **fasziniert und verstört** zugleich. Wie kann ein Mensch im Koma so etwas empfinden und danach auch noch detailliert niederschreiben? Man muss sich wohl intensiv mit dem Gehirn, seiner Funktion und den neueren Erkenntnissen der Wissenschaft über die Abläufe im Kopf auseinandersetzen, wie es dieser renommierte amerikanische Neurochirurg gemacht hat. Ob Otto Normalverbraucher oder Lieschen Müller jemals zu solchen Erlebnissen im Angesicht des Todes kommen, weiß man bisher nicht. Zu wenig ist es erforscht, zu wenige Fälle gibt es bisher, die man hinterfragen könnte. Jedenfalls fesselt die Geschichte des Mediziners aus den USA, die er in seinem Buch verarbeitet hat. Und sie macht **nachdenklich**. Er gibt in seinem Buch allerdings **keine medizinischen Erklärungen** über das, was er in seiner Nahtoderfahrung erlebt hat. Jedenfalls bleibt seine Krankengeschichte **für die Wissenschaft**

unerklärlich, geht man mal davon aus, dass sie wirklich so abgelaufen ist – seine Erlebnisse sind es allemal gänzlich. Gibt es ein **Bewusstsein außerhalb des Körpers überhaupt?** Niemand wird das je im Leben wissen, beweisen oder widerlegen können, man muss es **entweder glauben oder es nicht glauben**.

Auf jeden Fall hat der Neurochirurg mit seinem Roman erreicht, dass Menschen **die Furcht vor dem Tod genommen** wird, dass er als etwas **Schönes, Angenehmes** beschrieben wird, ein buntes, **blumenreiches Erlebnis**. Insofern kann man ihn auch als einen **Ratgeber** bezeichnen, der Menschen durchaus hilfreich sein kann, wenn sie sich mit dem Tod beschäftigen.

Es gibt viele andere Schilderungen von Menschen, die am Übergang vom Leben hin zum Tod standen. Sie berichten oft – unabhängig von Religion und Kultur – von ähnlichen Erlebnissen. Es gibt auch Menschen, die gar nichts sahen oder spürten – da sei einfach nichts gewesen, nur eine große Dunkelheit, ein tiefes schwarzes Loch, beängstigend.

Es gibt zudem bekannte Schilderungen über **Wiedergeburt**, Auferstehung, ein zweites neues Leben, die alle erstaunlich klingen, aber letztlich nicht zu erklären sind. Mütter begegnen früh verstorbenen Kindern wieder, die allein durch ihre exakten Schilderungen über Ort, Zeit und andere Begleitumstände darauf schließen lassen, dass sie schon einmal gelebt haben müssen. Wissenschaftlich erklärbar ist das aber alles nicht. Es klingt wie ein Wunder, aber vielleicht

stecken ja auch andere Tricks dahinter wie **Illusion oder Magie**. Man kann sich solche Bücher ansehen und die Geschichten lesen, daraus für sich die **Zuversicht** nehmen, dass man vielleicht auch irgendwann wieder aufersteht, neu geboren wird oder ein anderes, besseres Leben führt. Interessant anzulesen sind sie allemal.

Doch selbst die katholische Kirche hat außer der **Auferstehung** von Jesus Christus nach seinem Tod am Kreuz und der **Himmelfahrt** des Heiligen Geistes trotz ihrer vielen anerkannten Wunder keine Widergeburt bezeugt. Es sind Menschen von schweren Krankheiten erlöst worden; Leute sind aus dem Rollstuhl aufgestanden und konnten wieder laufen; Blinde sahen wieder, Stumme sprachen, Taube hörten. Weder Petrus noch Paulus oder einer der Päpste als Stellvertreter Gottes auf Erden sind jemals wieder von den Toten auferstanden.

Illusion - Magie?

Viele lieben die Magie, weil sie in eine andere (**Traum/Schein-) Welt entführt**. Sie verzaubert uns mit Illusionen und **Tricks**. Wir wissen nicht, woher das Kaninchen plötzlich kommt, die Blumen hergezaubert werden oder eine hübsche Assistentin durchsägt wird. Alles erscheint uns wie ein **Wunder** – so wie der Tod und ein mögliches Leben danach. Wir begeben uns in Zauber-Vorstellungen und sind fasziniert

von den **verblüffenden Tricks.** Doch vieles beruht auf Illusion – wir sehen nicht durch und nicht dahinter.

Das menschliche Auge ist auf etwas ganz anderes gerichtet, wenn der Magier seine Spielchen hinter Vorhängen und in der Dunkelheit treibt. Kaum einer lässt sich in die Karten schauen – Berufsgeheimnis! Manche simplen Tricks sind inzwischen erklärt worden. Aber die großen Zauberer, die in Fernsehshows und vor überfüllten Sälen auftreten, verraten natürlich ihre Imaginationen nicht, wenn sie mit der Kreissäge eine Person scheinbar durchsägen. Wir wissen es nicht genau, was da abläuft – wie beim Sterben, beim Tod und was danach kommt. Trotzdem sind wir fasziniert und bestaunen das Geschehen. Wer **Zauberei** mag, hat auch eine **Ader für Illusion** nach dem Tod, der kann sich in **bunten Bildern ausmalen**, wie es dann mal sein könnte. Genau das ist die richtige Einstellung. Entwickeln Sie eine **Fantasie** dafür, sich das Leben nach dem Tod bunt auszuschmücken und farbenprächtig vorzustellen. Es ist wie **ein Zauber, ein Wunder**, eine Illusion – warum nicht. Die Magie, die Zauberei, die Illusion kann also durchaus ein Mittel sein, die Angst vor dem Tod abzulegen und an etwas danach zu glauben.

Schreiben Sie sich die Angst von der Seele

Wer dazu noch eine schriftstellerische Ader hat, **schreibt sich die Angst von der Seele**. Bringen Sie doch einfach das zu Papier, was Sie sich in Ihrer Fantasie zum Tod, zum Sterben und zum Leben danach vorstellen. Das können Aufsätze sein, kleine Heftchen, Bücher, Kinderbücher oder eBooks. Auch so kann man das Schreckgespenst Tod verarbeiten. Alles, was Ihrer Fantasie entspringt, verarbeiten Sie in einem Buch und halten es für die Ewigkeit fest. Viele Menschen können nicht gut und spontan darüber diskutieren. Sie denken lieber nach und malen es sich aus, feilen an ihren Texten, korrigieren, überlegen noch einmal. Das ist übrigens auch ein gängiges Prinzip in der Angsttherapie psychischer Kliniken, seine Ängste aufzuschreiben und so zu verarbeiten.

Malen sie doch einfach

Nicht jeder schreibt gerne oder hat die Fähigkeit, Gedanken zu Papier zu bringen – aber eine künstlerische Ader. Malen Sie einfach das Paradies in den schillerndsten Farben, in

bunten Bildern, real, naiv oder expressionistisch. Wie stellen Sie sich das Leben nach dem Tod vor? Ist es eine grüne Wiese, ein blauer Berg, ein See, das Meer – sind es Blumen, Wolken oder der offene Himmel, die strahlende Sonne? Wenden Sie die verschiedensten Techniken an, Aquarell, Pastell oder Kohle/Kreide, Wachsmalstifte. Malen Sie auch ruhig den Tod – wie sieht er aus? Ein Gespenst, ein Gott, Engel? Lassen Sie Ihrer Fantasie freien Lauf und legen Sie die Furcht durch Bilder ab. Sie können auch Skulpturen gestalten.

Fotografieren Sie doch

Sie können auch schöne Dinge fotografieren wie romantische Landschaften oder emotionale Stillleben. Gesichter über Generationen hinweg vom Baby bis zur Oma. Tiere denken nicht an Tod oder Leben danach, fotografieren Sie die doch – unbeschwert, witzig, spielerisch. Welche Landschaften passen zu Ihrem Bild vom Leben nach dem Tod oder zum Sterben?

Singen und musizieren Sie einfach

Singen Sie Lieder gegen die Angst, solche, die Mut machen oder entspannen, Sie zur Ruhe bringen. Spielen Sie ein Instrument, mit dem Sie sich die Angst aus dem Kopf treiben.

Welche Melodien passen zu Ihren Vorstellungen vom Sterben, von einer Wiedergeburt? Oder tanzen Sie zur Musik, die Sie mögen. Das können Sie auch allein zu Hause im Wohnzimmer.

Der Tod gehört zum Leben – ganz normal

Früher als Kind und Jugendlicher hat mich die Frage nach dem ewigen Leben und einem Leben nach dem Tod sehr beschäftigt. Es sprengte meine Vorstellungskraft, dass alle Menschen weiterleben – immer. Wo sollten Sie Platz auf diesem Planeten finden? Welches Gedränge gebe es? Welche Konflikte würde es verursachen? Wohin sollten all die Millionen und Milliarden Menschen ausgesiedelt werden? Wie sieht es denn im Himmel aus, wie kommt man da überhaupt hin? Das alles gibt aber keine Erklärung für unser Dasein – was ist unser Auftrag in dieser Welt, welche Spuren wollen

wir hinterlassen, welchen Sinn hat das Leben? Wir kommen und gehen, führen mehr oder weniger 70, 80 oder 90 Jahre lang ein anständiges, beschauliches oder aufregendes Leben – und das soll's dann gewesen sein? Kaum vorstellbar. Wir sind denkende, intelligente Lebewesen. Pflanzen oder Tiere beschäftigen sich damit nicht. Der Tod gehört einfach zum Leben, er ist so normal wie die Geburt, der Anfang und das Ende. Sie gehören so zusammen wie ein keimendes Samenkorn und eine verdorrende Pflanze. So betrachtet ist die Geburt noch ein viel schlimmeres Ereignis als der Tod, denn der mühsame Kampf durch den Geburtskanal endet in einem Aufschrei, in einem fürchterlichen Gebrüll. Das Neugeborene muss erst mal gründlich gereinigt werden, der Tote merkt davon gar nichts mehr, was anschließend mit ihm passiert. Er hört einfach auf zu atmen und schläft tief ein, sein Herz schlägt nicht mehr, davon merkt er nichts.

Jeder Mensch – ob reich oder arm, berühmt oder unbedeutend – stirbt irgendwann einmal, das ist unaufhaltsam und so sicher wie das Amen in der Kirche. Wir können uns nicht einmal dagegen wehren wie gegen eine Krankheit oder den Angriff eines Feindes. Das Sterben ist normal. Junge Menschen denken weniger daran, weil sie ja gerade erst einmal leben. Ältere beschäftigt es natürlicherweise mehr, weil der Zeitpunkt des Todes unaufhaltsam näher rückt und so manche Beschwerden einen täglich daran erinnern. Manchmal leiden auch alte Menschen, ächzen und krächzen, wollen nicht mehr leben, weil es nicht mehr schön ist. Wir bemitleiden den Querschnitts-Gelähmten im Rollstuhl, doch wenn wir ihn fragen würden,

wie er sein Leben empfindet, würden wir in den meisten Fällen eine erstaunliche Antwort bekommen: „Ich hänge am Leben, gleich wie es ist!“

Gerade Senioren denken leider zu oft an den Tod, und dann auch noch in so düsteren Bildern, wie es häufig geschieht. Ihre Themen sind Krankheiten und Beschwerden. Es ist ein normales Ereignis wie die tägliche Körperpflege oder Nahrungsaufnahme. Man sollte deshalb auch ganz offen damit umgehen, seine Dinge regeln, die noch zu regeln sind – aber dann ist auch gut. Es gilt, die Einstellung zu ändern, die schwermütigen Gedanken abzulegen. Wir haben leider oder gottseidank noch nicht den ewigen Jungbrunnen gefunden, die Medizin, die den Alterungsprozess in unserem Körper aufhält oder stoppt. Menschen verwelken unaufhaltsam wie die Blumen, werden älter und runzeliger, legen sich in Falten, ergrauen – so ist nun mal die Natur und Biologie. Man sagt ja auch: Für alles gibt es eine Lösung, nur der Tod ist endgültig.

Man kann heute zwar mit modernen Medikamenten und Maschinen das Sterben hinauszögern. Ob das allerdings immer so wünschenswert und im Sinne des leidenden Patienten ist, sei mal dahingestellt. Deshalb ist es wichtig, Noch bei klarem Verstand und beizeiten eine Vorsorgevollmacht und Patientenverfügung niederzulegen, in der man regelt, was man selbst noch an medizinischen Maßnahmen wünscht und wer über einen dann letztlich bestimmt. Ist man nämlich einmal handlungsunfähig, kann man nichts mehr regeln.

Soll man einen Sterbenden noch an eine Dialyse anschließen, um die Nierenfunktion aufrecht zu erhalten? Soll man einen 90-Jährigen noch operieren oder ihn in Würde schmerzfrei sterben lassen? Für die Angehörigen ist es oft eine schwere Entscheidung über Leben und Tod. Wer will die schon gerne treffen? Letztlich muss man sich auf die Auskunft des Arztes verlassen und ist dem machtlos ausgeliefert. Aber auch dieser letzte Akt ist ganz normal. Irgendwann ist man der nächste Angehörige und somit davon betroffen. Man bewegt sich hier auch in einen rechtlich schwierigen Bereich. Ärzte müssen von sich aus erst einmal alles Machbare unternehmen, um einen Patienten optimal zu versorgen. Ärzte haben mit ihrem Hippokratischen Eid geschworen, sich für das Leben einzusetzen und eben nicht für den Tod. Erst wenn Angehörige mit Patientenvollmacht entscheiden, die Maschinen abzuschalten, dürfen sie das ausführen.

Ja, der Tod ist zwar endgültig, aber dennoch normal wie der Abschied nach einem Besuch bei den Kindern. Man kann denen nicht ewig auf der Pelle hocken, sondern muss adieu sagen. Jedem passiert es. Sie können noch so reich sein – vielleicht zögern Sie den Tod um ein paar Jahre heraus, aber im Tod sind wir alle gleich, wie ja auch der Kaiser von China selbst zur Toilette gehen musste, das hat ihm keiner abgenommen. Der Reiche und die Berühmte sterben genauso wie der Bettler oder die Hure. Selbst Betuchte und Mächtige können früh sterben, da hilft ihnen auch nicht ihr Vermögen. Leben kann man sich eben nicht erkaufen, und auch das ist gut so, denn dann würde die Welt ja nur aus Reichen bestehen und aus

Menschen, die sich die Köpfe einschlagen, um an Geld zu kommen. Das ist die Beruhigung für jeden, der Angst vor dem Sterben hat: Der Tod passiert jedem – früher oder später: Mensch, ist der aber alt geworden – Oh mein Gott, der Liebe ist aber viel zu früh von uns gegangen, nur das ist der Unterschied. Und doch werden wir nachdenklich, wenn plötzlich ein guter Freund, ein Arbeitskollege oder ein Nachbar gestorben ist. Wir werden an unsere eigene Vergänglichkeit erinnert: Mensch, ich bin schon 63, gar nicht so weit entfernt vom gerade mit 67 Gestorbenen. Wir fangen an, die Jahre zu zählen, die uns vielleicht noch bleiben. Sind wir nun vom statistischen Durchschnittsalter noch weit entfernt oder von dem des gerade Verblichenen? All diese Gedanken legen Sie mal bitte ganz schnell beiseite, denn sie belasten nur Ihr Jetzt, machen das Leben nicht mehr lebenswert und reduzieren nur die Lebensqualität. Erschweren Sie das Dasein nicht mit so vielen Gedanken über den Tod – er kommt so oder anders. Belasten Sie Ihr Leben nicht mit Dingen, die Sie sowieso nicht in der Hand haben. Sagen Sie sich stattdessen: Auch mein reicher Nachbar wird eines Tages die Radieschen von unten betrachten. Nehmen Sie es mit Humor und lachen sich eins ins Fäustchen. Sagen Sie sich stattdessen „Das letzte Hemd hat keine Taschen!“ Keiner kann seine Reichtümer mit ins Grab nehmen. Die Chinesen, die vom Buddhismus beeinflusst sind, glauben zwar, ihren gestorbenen Angehörigen per Feuer Geld (und Papphäuser, Plastikautos) in den Himmel schicken zu müssen, damit es ihnen dort auch gut geht. Aber sie verbrennen allenfalls billiges Fake-Geld.

Warum sollten wir den Tod negativ sehen?

Einen Fehler kann man revidieren. Der Tod hat dagegen etwas **Endgültiges**. Es gibt Situationen im Leben, denen man **sich fügen** muss. Kommt ein Einbrecher ins Haus und hält einem die Pistole an die Schläfe, wäre es unklug, sich dagegen zu wehren. Sie sind der Schwächere, ein Kampf mit ungleichen Waffen also. Eine Krankheit können Sie auch nicht wegzaubern und das Sterben nicht aufhalten. So wie Sie sich dem Dieb ergeben, müssen Sie zwangsläufig auch dem Tod in die Augen sehen. Manche wünschen sich ihn gar, weil er sie von Leiden und Schmerzen befreit. Aber nicht, weil Sie sich einsam fühlen und mies gelaunt sind, sollten Sie nach ihm verlangen. Das wäre die falsche Einstellung. Das Sterben ist dafür da, wenn die Zeit dafür gekommen ist. Sie sollten nicht den Zeitpunkt bestimmen, sondern er kommt von ganz alleine.

Nehmen Sie sich stattdessen folgenden Spruch eines unbekannten Urhebers zu Herzen: „**Ich kann nicht verhindern, dass ich alt werde. Aber ich kann dafür sorgen, dass ich Spaß dabeihabe.**“ Genießen Sie Ihr Leben bis zum letzten Atemzug, selbst wenn es beschwerlicher wird. Wir haben **nur dieses eine Leben**, kein zweites. Machen Sie was draus, und das beizeiten. Sagen Sie nicht ständig, wenn ich einmal pensioniert bin, lege ich einen Gartenteich an oder unternehme eine Weltreise. Viele Träume und Pläne für das

Alter sind wie Seifenblasen zerplatzt, weil Menschen zu früh gestorben oder krank oder arm geworden sind. Packen Sie es jetzt an und schieben Ihre Hobbys nicht für die Seniorenzeit auf.

Planen Sie auch ruhig Ihre **eigene Beerdigung**, Ihren Tod, denn er gehört wie das Salz in die Suppe. Sehen Sie das Ende nicht negativ, es kommt, und es kommt für jeden gleichermaßen. Wenn Ihre Zeit gekommen ist, verabschieden Sie sich – anständig, nicht mit Verdruss. Viele meinen ja, sie würden dann etwas verpassen, nicht mehr miterleben, wie Kinder heiraten, selbst Kinder bekommen, sich weiterentwickeln, die Welt um sie herum sich entwickelt.

Jeder hat da ganz andere Vorstellungen. Der eine liebt Politik, Wirtschaft und Nachrichten – der fragt sich dann, wie sich Weltkonflikte wohl lösen, wer Wahlen gewinnt und wann die Queen endlich abdankt. Andere bleiben mehr bei der eigenen Familie oder ihren Hobbys. Ihre Gedanken kreisen um ganz andere Fragen, etwa welchen Wert eine Briefmarkensammlung in zehn Jahren hat, wie die Familie in zwanzig Jahren leben wird, ob die Erinnerung an einen selbst wach bleibt oder ob man in Vergessenheit gerät.

Man kann sich auch alles leichter machen, indem man einfach nur **lebt und genießt**, sich noch eine Reise gönnt, neue Klamotten kauft, die Wohnung renoviert. Andere mögen denken: Lohnt sich das denn noch? Muss man im Alter noch Geld für neue Möbel ausgeben, sich eine neue Küche anschaffen oder ein seniorengerechtes Bad installieren? Könnte man das Geld nicht lieber für die Kinder sparen? Nein!

Leben Sie, genießen Sie ihr Leben denn Sie haben es sich verdient, ein Leben lang hart gearbeitet, es ist Ihr Geld, Ihre Rente und Pension, der Tod kommt so oder so, Sie sollen es bis zum Ende gut haben und nicht sparen müssen. Wer so denkt, hat **keine Angst vor dem Tod**.

Wir sollten uns ein Beispiel an anderen nehmen. Menschen wollen bewusst zu ihrer Beerdigung **fröhliche Lieder** gespielt und gesungen haben, keine dunkle Trauerkleidung – es soll ein **freudiges Ereignis** werden wie die Geburt und Hochzeit. Die Chinesen zum Beispiel zelebrieren eine Woche lang Anfang April ihr Totenfest, für die Kinder gibt es nebenbei eine Kirmes. Sicher, vor allem die Frauen bejammern zwar ihre Toten, aber es gehört einfach zum Ritual.

Und das Totenfest ist bewusst in eine Zeit des Erblühens gelegt, der Frühling steht bevor, die Bäume und Pflanzen blühen in prächtigen Farben von Weiß über Rosa bis Violett. Zum Frühlingsfest wandern die Chinesen in die Natur und putzen die Gräber. Leider ist das Gedenken an die Toten bei uns in den dunklen, ungemütlichen Monat November gelegt.

Es gibt starke Persönlichkeiten, die ihre sichere Todesdiagnose bekommen haben. Ihre Uhr tickt unaufhaltsam, und doch sind sie präsent bis zum letzten Tag, reden sogar über ihr bevorstehendes Sterben und schaffen solange es noch geht.

Friedhöfe sind interessante Plätze, von Natur umgeben, ruhig, erholsam. Vögel zwitschern, Eichhörnchen hüpfen von Baum zu Baum

und Kaninchen buddeln und hoppeln. Man muss auf Friedhöfen nicht nur traurig sein, man kann auch angenehm entspannen. Ganze Familiengeschichten kann man dort erfahren.

Es gibt also so viele Dinge, dem **Tod positiv** zu begegnen. Man kann beispielsweise mit seinen lieben Verstorbenen ganz normal reden, so als seien sie noch unter uns. Man kann sich natürlich auch ständig selbst Vorwürfe machen, was man alles hätte noch zu Lebzeiten besprechen und klären können. Hätte, würde, könnte ist vorbei. Sprechen Sie die Dinge rechtzeitig an, denn nach dem Tod ist es zu spät. Menschen stehen am Grab ihrer Angehörigen und führen intensive Gespräche, beten, lachen, weinen. Eigentlich haben es **Tote** sehr **angenehm**. Man bringt ihnen ihre **Lieblingsblumen** und -pflanzen, ist nett zu ihnen, redet nur über die schönen erlebten Zeiten, schimpft nicht mit ihnen. In China bekommen die Toten jedes Jahr haufenweise (Fake-) Geld – verbrannt – gen Himmel geschickt, damit sie wieder ein Jahr lang gut da oben leben können. In buddhistischen Kulturen wie Thailand stehen überall an den Straßen und Häusern kleine Tempel – manchmal sind es nur Säulen. Dort werden alle paar Tage frische Speisen wie Reis, Obst und Gemüse ausgelegt, damit Buddha gut versorgt ist und die Toten auch.

Jeder geht anders damit um, aber am Ende ist es doch eine **positive Angelegenheit**. Ist der Schmerz über den Tod naher Angehöriger verflogen, die Trauerarbeit getan, versöhnt man sich schnell wieder mit dem Gedanken an positive Erinnerungen. Man schöpft selbst

Kraft aus der Begegnung mit dem Verstorbenen. Über den Tod hinaus wirkt sein Leben, sein Charakter, sein Rat. Man besinnt sich vielfach darauf zurück, was der Tote oder die Tote wohl in bestimmten Situationen entschieden hätte. „Das wäre aber nicht im Sinne von Vater gewesen“ – oder „Unsere Mutter hätte sich auch darüber gefreut“. Natürlich treffen wir hier auf viel Interpretationsspielraum. „Wenn er das mit ansehen müsste, würde er sich im Grabe herumdrehen“.

Aber auch das zeigt letztlich eine ganz normale Betrachtungsweise, wir sprechen stellvertretend für die Toten, so wie wir sie gekannt haben und meinen, dass sie reagieren würden. Lange über den Tod hinaus sind sie in unserem **täglichen Leben fest verankert**. Denn sie haben Spuren hinterlassen, die nachwirken und unser Leben weiter beeinflussen. Es sind die positiven Erinnerungen, die uns beeindrucken

Die positiven Seiten des Sterbens

Erinnern Sie sich noch an den Eingangssatz von Steve Jobs? Der Tod ist die beste Erfindung, denn er schafft Platz für Neues. **Der Tod räumt auf.** Wenn wir unser Leben gelebt haben, unsere Zeit gekommen ist, weil sich doch die Altersbeschwerden immer deutlicher einstellen, dann kann der Abschied Erlösung und Freude zugleich sein. Wer weiß schon, was danach kommt, was weiter im

Leben passiert. So wie wir Abschied von der Schule, der Universität oder dem Job nehmen, können wir uns auch **vom Leben trennen** – gut vorbereitet natürlich. Man hat doch schließlich alles erlebt, Höhen und Tiefen, schöne Dinge unternommen und leidvolle Erfahrungen gemacht, Erfolg und Misserfolg gehabt – was soll jetzt noch kommen? Die Zeit der Ehrenrunden ist vorbei, gehen wir lieber in Würde und solange wir es noch selbst bestimmt können. Viele Alte sind **verbittert** – **warum** eigentlich? Sie können sich nicht trennen, vom Geld nicht und vom Leben noch weniger. Es ist die **Verlustangst**, nicht mehr dazu zu gehören, denn der Tod ist endgültig. Verabschieden wir uns auf eine Reise oder gar zum Auswandern in ein fernes Land, haben wir immer noch die Chance, wieder zu kommen, quasi das Rückflugticket in der Tasche. Aber es ist auch gut, seinen **Frieden zu schließen**, **glücklich zu sterben**, Schmerzen und Krankheiten zu vergessen. Es gibt so viele rührselige Geschichten von **krebskranken Kindern**, die früh gestorben sind, ein kurzes, aber intensives Leben hatten. Manchmal führen sie **Tagebücher** oder kritzeln hinter Bildern letzte Botschaften. Sie danken und gehen glücklich. Eltern sind erstaunt über ihre Furchtlosigkeit und ihre Freude im Angesicht des Todes, über ihre Stärke, während alle um sie herum traurig sind. Das ist ein beispielhafter Umgang mit dem Sterben.

Manche veröffentlichen Blogs oder Videos von ihrem Sterben. Sie erfüllen sich letzte Wünsche und genießen noch Dinge, die als Träume in ihrem Leben standen. Sie mussten nicht erst aufs Alter warten, sondern haben das alles früher erlebt. Sie haben aufgeräumt, konnten Abschied nehmen und sind von ihren Strapazen erlöst. Wer weiß, was da noch alles gekommen wäre. So haben sie schon früh noch eine Reise unternommen, sind auf die Rennstrecke gegangen oder haben noch einen Hund bekommen. Manche leben auch bewusst nach der Devise „**lieber kurz, dafür aber heftig**", andere hingegen eher nach dem Prinzip „**gesund, anstrengend, dafür aber lange**". - Er ist so gestorben, wie er gelebt hat, sagt man manchmal. Wir wissen nie, was morgen ist und wann unser Stündchen geschlagen hat. Eben drum sollten wir jeden Tag **vorbereitet** sein. Verabschieden Sie sich immer von Ihren Lieben in Harmonie, nie im Streit. Sagen Sie immer ein nettes Wort, machen Sie Komplimente bis zum Ende, geben Sie einen **Abschiedskuss** – immer, denn man weiß ja nie. Welche Vorwürfe würden Sie sich denn machen, wenn Ihr Liebster bei einem Unfall verunglückt, nicht mehr heimkommt und Sie streitend auseinandergegangen sind? Sie würden sich nämlich den Rest Ihres Lebens bitter ärgern.

Gibt es ein Leben nach dem Tod

Wir wissen es (immer noch) nicht. Es ist die am meisten erforschte und immer wieder gestellte Frage. Wissenschaftler verschiedener Disziplinen sind seit Jahrzehnten dem Leben nach dem Tod auf der Spur, Mediziner, Physiker, Philosophen und Spezialisten wie Hirnforscher. Doch eine wissenschaftliche Antwort, eine Lösung wie eine komplizierte Mathematikaufgabe, haben sie bisher nicht gefunden. Ewiges Leben, Himmel oder Hölle, ein Weiterleben in welcher Form auch immer, eine Wiedergeburt als ein anderes Lebewesen – viele Fantasien ranken sich darum. Man kann es einfach glauben oder es lassen.

Oder so annehmen, wie es der bekannte Neurochirurg aus den USA beschrieben hat (siehe oben). Er sei nämlich in seiner Nahtoderfahrung wirklich Gott begegnet. Der Mediziner lag mit einer nahezu tödlichen Hirnhautentzündung tagelang im Koma, sein denkendes Hirn war ausgeschaltet und er erwachte ohne bleibende Schäden – medizinisch nicht zu erklären, ein Wunder. Das ist Fakt.

Was er danach schilderte, ist nicht belegbar, aber so anschaulich dargestellt, dass man daran glauben kann. Es entspringt seiner Gedankenwelt oder Fantasie. **Ja, es gibt einen Gott** und folglich auch ein Leben nach dem Tod. Dieser Gott ist dem Neurochirurgen als

schwarze Masse erschienen mit gleichzeitig unglaublicher Strahlkraft. **Liebe** habe das Jenseits beherrscht und Gott kannte ihn persönlich in- und auswendig. Und dieser Gott nahm rein menschliche Züge an wie Liebe Pathos, Empathie, Freundlichkeit – alles positive Eigenschaften, nichts Negatives, Strafendes, Fragendes, Anklagendes.

Wenn man sich also das Jenseits, das Leben nach dem Tod, den Himmel voller **Harmonie** vorstellt, wie es ja auch allseits beschrieben und von den christlichen wie auch anderen Religionen aufgefasst wird, fragt man sich zwangsläufig: Und wie sieht es dann in der Hölle aus? Es ist noch niemand aus dem Koma in der Hölle erwacht. Nahtoderfahrungen mit höllischem Blick gibt es also nicht. Kommen wir vielleicht am Ende doch alle in den Himmel, gibt es die unendliche Versöhnung, das große Verzeihen? Steht die Hölle nur dafür, sich im Leben tugendhaft zu benehmen, gibt es sie überhaupt? Der amerikanische Hirndoktor kann sich wissenschaftlich seine eigene Geschichte selbst nicht erklären, dafür liefert er auch nicht ansatzweise Anhaltspunkte. Hier bleibt er einfach still, wahrscheinlich überwältigt vom Erlebten. Er sagt lediglich, dass es **mit seinen bisherigen Kenntnissen nicht zu ergründen ist**.

Nehmen wir einmal an – auch mit den erstaunlichen Erlebnissen eines Hirnspezialisten in den Bereich des Möglichen gebracht -, dass es tatsächlich so etwas gibt, einen **Übergang vom Leben in den Tod** und danach sogar zu einem **Weiterleben**, in welcher Form auch immer. Selbst der Neurochirurg wird im Diesseits nicht ewig leben. Er hat aber ins Jenseits geschaut. Die Liebe sei das Zentrum gewesen, also **Eintracht, Harmonie, kein Streit, friedliches Zusammenleben, keine Kriege und Konflikte, kein Neid, keine Missgunst**. Gott sei mit unheimlicher Strahlkraft und einem starken Licht im Zentrum gestanden, im Zentrum einer tief schwarzen Materie, was auf die Unendlichkeit des Weltalls hindeuten könnte, die mittlerweile entdeckten so genannten schwarzen Löcher. **Wo ist Gott dann?** Ist er die **Sonne im All**, die unendliche helle Strahlkraft?

Es gibt in der Mehrzahl Wissenschaftler, Ärzte vor allem, die sich ein Leben nach dem Tod nicht vorstellen können. Ob ein Körper eine Seele hat, die aus dem toten, leblosen Leichnam gen Himmel entschwindet, glauben sie auch nicht. Mit dem Tod hört das Herz auf zu schlagen, das Blut fließt nicht mehr, der Körper erkaltet und erstarrt. Gibt es überhaupt so etwas wie Seele? Wahrscheinlich im übertragenen Sinn als Synonym für Charakter, für Emotion oder das Pathos, die Empathie eines Menschen. Aber Seele als greifbare Materie oder als flüchtiges Gas etwa – wie soll das funktionieren.

Pathologen haben beim Sezieren von Leichen noch nie eine Seele gefunden, ein Herz ja. **Mediziner sind da ganz nüchtern.**

Wenn der Tod eintritt, dokumentieren sie ihn anhand von bestimmten Parametern wie Pulsschlag, Atem, Herztöne. Sie nehmen ihre Apparate zur Hand, die Herzfrequenzen aufzeichnen, Pulsschläge errechnen – und wenn da nichts mehr ist, bedeutet das Ende. Der leblose Körper wird bestattet oder verbrannt, das Blut in den Adern fließt nicht mehr – in welcher Form sollte sie denn dann weiterleben, wie sie in jungen Jahren war oder wie am Ende runzelig und in Falten gelegt, ergraut, gebrechlich? Wir dürfen durchaus solche menschlichen Fragen stellen, denn so denken und leben wir ja. Kann man sich überhaupt ein ewiges Leben vorstellen mit unserer menschlichen Vorstellungskraft?

Die **Bibel** spricht blumenreich von **himmlischen Heerscharen, Freudengesängen, Chören, Posaunen, Engeln, Aposteln und Jüngern** an der **Seite Gottes. Wer ist Gott, Jesus, der Heilige Geist – die Dreifaltigkeit?** Chinesen und andere Völker verehren ja gleich mehrere Götter. Möchten wir eigentlich allen Menschen, auch den Verbrechern, wiederbegegnen? Wir hatten doch mit so vielen noch ein Hühnchen zu rupfen. Zanken wir uns da oben weiter mit unseren Nachbarn? Oder können Sie sich vorstellen, Ihrer Ex oder Ihrem Ex da oben zu begegnen – alles menschliche Fragen? Oder erlangen wir im Leben nach dem Tod ein ganz anderes Bewusstsein? Angenehm ist auf jeden Fall der Gedanke, alle seine lieben Angehörigen wiederzusehen. Wie viele Leben haben wir eigentlich? Man

begegnet sich bekanntlich zweimal im Leben – und da oben für immer und nur einmal?

Der Gedanke an ein ewiges Leben, an ein Leben nach dem Tod sprengt unsere menschliche Vorstellungskraft. Das ist auch gut so. Würde der Mensch nämlich alles vorher schon wissen, würde er mit allen Mittel, auch unerlaubt und unmoralischen, versuchen, diesen Zustand zu erreichen. Eng verbunden damit ist natürlich auch die Frage: Gibt es im unendlichen Weltall noch andere intelligente Lebewesen oder sind wir die einzige denkende Spezies im Universum? Nie sind wir mit unseren wissenschaftlichen Möglichkeiten weiter ins All vorgestoßen als jetzt, und wir werden noch mehr Räume erkunden. Bis heute sind keine vergleichbaren, überlebensfähigen Planeten entdeckt worden – allesamt nicht für den Menschen geschaffen.

Es scheint, als sei die Erde der einzige Ort, an dem wir leben können. Wenn wir aber sozusagen nach unserem Tod in den Himmel – wo auch immer – gebeamt werden, spielt der menschliche Organismus sowieso keine Rolle mehr, dann könnten wir auf dem Mars oder Mond überleben. Wie ist das mit anderen Spezies, mit den immer wieder ins Spiel gebrachten Aliens? Sind die stärker als wir, bekämpfen sie uns, beherrschen sie uns eines Tages? Der Mensch lässt seiner Fantasie in Science-Fiction-Filmen freien Lauf.

Der Gedanke an ein Leben nach dem Tod, an ein Weiterleben hat auf jeden Fall etwas für sich. Er gibt dem Leben auf Erden einen tieferen Sinn. Es lohnt sich, für etwas Überirdisches zu kämpfen. Der Glaube hilft über Schmerzen hinweg. Man kann es in einer anderen Welt besser haben. Vor Gott sind alle Menschen gleich, der Bettler wie der Millionär. Insofern ist es höchst erstrebenswert, zu leben und auch zu sterben. Der Gedanke selbst – eben nicht zu schlecht und unanständig zu leben (Gott sieht alles!). Er hält uns im Zaum. Die Neandertaler hauten sich gegenseitig die Köpfe ein, waren schlichte Jäger und Sammler, kämpften ums nackte Überleben – der Stärkere gewinnt, wie Darwin seine Theorie prägte.

Doch seit den Anfängen menschlichen Wesens haben wir uns zu intelligenten Lebewesen weiterentwickelt. Wir haben Moral und Charakter, und prägen ethische Vorstellungen wie niemanden zu ermorden, Gewalt zu meiden und miteinander auszukommen. Humanismus und christliche Werte sind die Grundlagen unseres Lebens – andere Kulturen haben ähnliche Überzeugungen, wenngleich oft auch andere Moralvorstellungen beispielsweise über den Wert eines Tierlebens.

Kurz und gut: **Wir wissen es nicht**, ob es ein Leben nach dem Tod gibt. Viele glauben daran und Christen bekennen sich in ihren Gebeten auch dazu: „Ich glaube an Gott ... und das ewige Leben ...“ Das katholische Fest „Christi Himmelfahrt“ erinnert alljährlich an die Auferstehung von Jesus Christus nach dessen Tod am Kreuz und den Aufstieg in den Himmel zu seinem Gott-Vater. Apostel und

Jünger bezeugen das in blumenreichen Bibel-Schilderungen wie einen hellen Blitz. Seit über 2000 Jahren halten sich hartnäckig diese Überlieferungen. Moderne Wissenschaften versuchen immer wieder, Beweise dafür und für andere Bibel-Zitate zu finden. Sie kommen oft der Wahrheit sehr nahe, letztliche Gewissheit gibt es aber nicht wie etwa das angebliche Grabtuch von Jesus oder der Dreikönigen-Schrein. Man kommt zeitlich und durch andere Parameter in die Nähe solcher Ereignisse, hat aber natürlich keine DNA-Spur von Jesus.

Einstweilen können wir uns nur auf unseren **Glauben**, auf unsere Überzeugung verlassen. Wir glauben der Bibel – oder nicht. Dazu kommt noch eine andere Überlegung: Jeder **Mensch hat Ziele, Wünsche, Träume**, wofür es sich zu kämpfen und leben lohnt. Die Vorstellung von einem Leben nach dem Tod, einem zweiten Leben, einer Wiederauferstehung, einem Weiterleben kann ein solches Ziel sein, ein Traum, der doch nicht alles Irdische so sinnlos macht, der dem Diesseits einen Sinn gibt.

Der Gedanke daran, dass es eben doch noch eine **höhere Instanz** gibt, etwas Erstrebenswertes, ein Licht am Ende des Tunnels, etwas, wofür es sich lohnt sich anzustrengen, macht doch das Leben so interessant. Jeder andere Gedanke lässt doch das Dasein hohl und nutzlos erscheinen. Und wenn wir uns nur an den Gedanken klammern, dass da noch etwas ist oder sein könnte. Wer nicht mehr hofft, der hört auf zu leben. Also begegnen Sie dem Tod auch positiv – wer weiß, was da noch Spannendes, Aufregendes kommt?

Nein, gibt´s nicht, haben wir nicht!

Es gibt natürlich auch zahlreiche Menschen (und man weiß gar nicht mal, ob sie nicht sogar die Mehrheit sind), die überhaupt nicht an ein Leben nach dem Tod glauben. Die sich sagen, warum soll ich mich, mein Leben mit so schweren und düsteren Gedanken belasten. Ich lebe jetzt, mir geht es gut, ich kann noch arbeiten, und wenn meine Stunde geschlagen, ist eben Schluss.“ Sie glauben nicht den Typen mit den Zipfelmützen (womit Bischöfe und Kardinäle der katholischen Kirche gemeint sind). Sie haben sich schon lange von der Kirche, vom Glauben verabschiedet, lebe ein moralisches, ethisches Leben, und sind anständig.

Nein, für Sie gab und gibt es kein Leben nach dem Tod – und wenn, na ja, dann kommt´s halt.

Viele Menschen denken so, weil das Thema dumpf ist, schwermütig macht. Man weiß es halt nicht, was soll man sich also damit auch groß beschäftigen. Es sprengt ohnehin jede menschliche Vorstellungskraft.

Es gibt **atheistische Staaten** wie China oder Nordkorea, die jeden Glauben und Kirche seit Jahrzehnten verbannt haben, so auch in der ehemaligen DDR. Selbst in der kommunistischen Sowjetunion war

Kirche trotz starker traditioneller Wurzeln lange verbannt. Ideologie ersetzte Kirche, um die Staatsmacht, die Diktatur zu festigen. Doch so ganz ist der Glaube aus den Köpfen der Menschen nicht zu verbannen. Die orthodoxe Kirche erlebt in Russland und anderen Ostvölkern eine Renaissance. Selbst im Milliardenvolk China sind neben starken muslimischen Minderheiten christliche Kirchen im Wachsen und tief verwurzelt doch buddhistische Ansichten. Die Menschen sehnen sich auch in der Diktatur nach Glauben, nach Sinn im Leben – es kann ja nicht nur die Partei der Heilsbringer sein. Und all die Toten müssen ja bestattet werden nach irgendeinem Ritus. Natürlich hat auch hier die überwiegende Zahl nichts am Hut mit Glauben oder Leben nach dem Tod, Geschäft und Wohlstand stehen im Mittelpunkt.

Aber den Köpfen der Menschen sind solche Überlegungen nicht auszutreiben. Die Gedanken sind bekanntlich frei, auch wenn der Mensch im Internetzeitalter gläsern geworden ist, was wir denken und fühlen, ist ganz allein unsere Privatsache und vor allem intim. Gott weiß alles, er kann sogar unsere Gedanken lesen, behauptet die Kirche. Manche beschleicht dabei der Gedanke, wenn ein lieber naher Verwandter gestorben ist, sieht er nun alles vom Himmel aus, was wir tun? Mag sein, doch leben Sie doch einfach nur. Was belasten Sie sich mit solchen Sprüchen und falschen Glaubenssätzen. Wenn jemand im Himmel es sieht, treffen wir ihn entweder wieder und alles ist sowieso vergessen, weil ja da oben die unendliche Liebe herrscht, oder aber es gibt diesen Himmel gar nicht, dann waren

unsere Gedanken sowieso für die Katz. Wir denken zu viel über ungelegte Eier. Grübeln Sie doch nicht. Wir wissen es nicht, also lassen wir doch alles einfach auf uns zukommen. Es hilft ja doch nichts. Ändern werden wir es nicht.

Wer hat Angst – vor was?

Angst hat im Leben doch nur der, der sie wirklich haben muss, weil er ein **schlechter Mensch** ist, ein Verbrecher, eine Fremdgeher oder ein Betrüger. Er hat nämlich Angst davor, entdeckt werden. Angst vor Gott, Angst vor dem Jüngsten Gericht, wie es in der Bibel heißt, vor den eigenen Fehltritten? Einerseits ist es gut, Angst zu haben und seine Dinge in Ordnung zu bringen. Andererseits gibt es auch den **gütigen Gott**, der selbst der Hure Maria Magdalena verziehen und sie in seine Arme geschlossen hat. „**Deine Sünden sind dir vergeben**" soll natürlich nicht dazu führen, dass man zu Lebzeiten immer über die Stränge schlägt und dann darauf hofft, am letzten Tag, wenn einem die Stunde wirklich geschlagen hat, alles vergeben und vergessen wird. So geht es eben nicht.

Hier hat jede Religion auch andere Interpretationen. Durch den so genannten Ablass-Handel, dem durch Geld erkauften Vergeben von Sünden und das Einkaufen in den Himmel ist ja auch die

Kirchenspaltung zwischen Katholiken und Protestanten unter Martin Luther entstanden.

Im Übrigen ist **Glauben weniger eine Sache von Kirche und Institutionen**, sondern eine ganz **persönliche Erfahrung, Einstellung**. Man betet für sich, mit sich – nicht mit der Kirche, vielleicht in der Kirche. Es gibt auch durchaus gläubige Menschen, die Kirche nicht brauchen. Sie handeln christlich-humanistisch, beten für sich, glauben auch an ein Leben nach dem Tod, haben aber ansonsten mit der Amtskirche nicht viel am Hut. Sie nehmen ihre christliche oder religiöse Erziehung mit in den Alltag und leben auch danach. Ob Juden, Muslime, Christen, Hindus oder Buddhisten, sogar Naturreligionen leben und handeln auf ihre eigene Weise – haben sie alle Angst vor dem Tod? Diese **Angst ist sehr individuell**: Der eine hat sie permanent, der andere eben nicht, Es gibt leider auch Menschen, die aus dauernder Angst vor dem Tod in eine psychotherapeutische Behandlung gehen müssen. Diese Angst kann sich nämlich einerseits in echte körperliche Beschwerden auswachsen wie Herzrasen, Beklemmung im Brustraum, Schweißausbrüche, verstärkte Sekret-Bildung (Schwitzen), Bluthochdruck und andere Auswüchse. Sie kann andererseits aber auch die Psyche mehr und mehr belasten bis hin zu Depressionen, Panik und auch Selbstmordgedanken. Dann ist die Angst vor dem Tod – ob real oder eingebildet – behandlungsbedürftig. Denn sie können in ihrer Angst weder am normalen Leben noch teilnehmen oder gar ihren Beruf nicht mehr ausführen. Sie trauen sich aus Angst vor dem Tod nichts mehr zu und brechen sogar ihre

sozialen Kontakte ab. Dann muss Ihnen ein Spezialist helfen – in ein angstfreies Leben. Denn die Angst frisst Sie mit der Zeit auf. Zunächst muss ergründet werden, **woher Ihre Angst genau kommt**, warum Sie Angst vor dem Tod haben. Vielleicht haben Sie ja gerade einen nahen Angehörigen verloren, dann steht nämlich auch noch Trauerbewältigung auf Ihrem Programm. Die Angst vor dem Tod kann auch damit zusammenhängen, dass Sie ungesund leben, dass Ihre Gesundheit ohnehin angeschlagen ist. Sie liegen nachts im Bett, haben einen schlechten Traum, wachen plötzlich auf und fassen sich ans Herz, weil Sie Angst davor haben, einen Infarkt zu erleiden. Sie bekommen einen stechenden Kopfschmerz und denken an einen Schlaganfall. Sie befürchten, Krebs zu haben, weil Sie ständig Magenschmerzen plagen oder Sie chronisch husten müssen – alles Ängste vor dem Tod, die jetzt zwar unmittelbar mit der Frage, was danach kommt, nichts zu tun haben, aber alles dreht sich um das Sterben. Sie haben pure Angst. Und das kann so nicht weitergehen, weil es Ihre Lebensqualität sehr massiv einschränkt.

Haben Sie Angst vor Strafe? Vor der **Hölle** etwa, dem ewigen Fegefeuer? Oder ist es mehr die Angst vor dem Vergessen werden? Vielleicht die Angst davor, etwas zu verpassen, nicht mehr dabei zu sein, wenn sich die Familie zu Kaffee und Kuchen trifft? Trennen Sie sich von irdischen Dingen so wie Sie sich irgendwann auch mal von Ihren Kindern verabschieden und sie ziehen lassen müssen. Eltern können manchmal nur schwer loslassen. Aber Kinder sind kein Besitztum, sondern uns nur auf Zeit zur treuen und sorgsamen Pflege

überlassen. Lassen Sie auch los vom Leben, denn Sie haben keinen Anspruch auf ewiges Leben. Machen Sie Platz für die Wartenden, denn Ihre Kinder und Kindeskinder brauchen Luft zum Atmen und freien Platz zum Leben. Sie haben doch schon alles erlebt, was soll da noch kommen? Furchtlos sollten Sie dem Tod begegnen, da ist kein Grund für Angst.

Die Angst vor dem Tod ist zwar normal, sollte aber nicht unser Leben beherrschen und unseren Alltag beeinträchtigen. Wir wissen nicht so ganz genau, ob Sterben weh tut, vor allem der plötzliche, schnelle Tod. Das macht natürlich Angst und es ist normal, vergessen Sie aber die Angst durch ein unbeschwertes, freudiges Leben. Haben Sie Spaß bis zum letzten Atemzug, auch wenn es Ihnen schwerfällt, im Angesicht des Todes noch zu lächeln.

Wer Angst vor dem Tod hat, kann sich auch in **Selbsthilfegruppen** Rat suchen. Dort trifft er auf Menschen mit ähnlichen Problemen. Wie sind andere damit umgegangen, was hat ihnen geholfen? Manchmal reicht es schon, sich mit ähnlich Betroffenen zu unterhalten, die auch Angst vor dem Tod, vor dem Sterben haben. Gemeinsam findet man leichter Lösungen. Man hat Verständnis füreinander, diskutiert auf Augenhöhe, hat das gleiche Thema. So hilft man sich selbst gegenseitig. Ängste sind unterschiedlich ausgeprägt, jeder hat seine eigene Geschichte. Man lernt dabei, seine Angst zu zähmen, in den Griff zu bekommen. Meist ist ein erfahrener Moderator oder Therapeut dabei, der die Gespräche anstößt, lenkt. Denn man soll sich ja in einer solchen Selbsthilfegruppe nicht nur bemitleiden

und jammern. Die Teilnehmer erwarten schon Hilfe. Wenn Sie keine passende Gruppe in Ihrer Nähe finden, fragen Sie Ihren Therapeuten.

Psychotherapie und Entspannung

Manchmal ist die Angst vor dem Tod so ausgeprägt, dass nur ein längerer **stationärer Aufenthalt** in einer **psychosomatischen oder psychiatrischen Klinik** hilft. Die Angst kann sich zu einer **Manie** entwickeln. Man schließt sich ein, will nicht mehr raus, hat selbst Angst vor Menschen. Dann müssen Fachleute zunächst in Einzelgesprächen die tieferen Gründe für die Angst herausfinden. Das kann lange dauern. Es gibt unterschiedliche Ausprägungen – bis hin zu **Dämonen**, die den Betroffenen nachts im Traum erscheinen. Sie sehen **Gespenster**, die sie verfolgen, hören **Stimmen aus dem Jenseits**, fühlen sich **verfolgt**, reden mit Toten.

Wer dermaßen krank vor Angst ist, muss **beschäftigt** werden. Deshalb ist **Beschäftigungstherapie** hier das Mittel der Wahl. Der Mensch kann nicht koordiniert zwei Dinge gleichzeitig erledigen. Wer töpfert oder ein Vogelhaus bastelt, muss sich intensiv darauf konzentrieren – da bleibt kein Platz, Angst vor dem Tod zu entwickeln oder auch nur daran zu denken. Versuchen Sie mal nur

zwei unterschiedliche Bewegungen hinzubekommen: Kreisen Sie Ihren rechten ausgestreckten Arm links herum und den linken rechts herum. Das fällt Ihnen schon schwer. Wer tanzt, singt, redet, bastelt oder Sport treibt, sich mit anderen Menschen unterhält, der ist zumindest für den Moment weg von seiner Angst über den Tod. In kleinen Schritten versucht man, immer weiter weg von der Angst zu kommen. Das kann manchmal Monate und auch Jahre dauern – oder aber auch gar nicht funktionieren. Es gibt sogar Angst-Patienten, die in ein betreutes Wohnen untergebracht werden müssen. In der Regel kann ein erfahrener Angst-Therapeut aber helfen, wieder in die richtige Spur zu kommen.

Entspannung ist ein weiteres Mittel, denn Angst verkrampft den Menschen. Mit Entspannung lässt sich die Angst vor dem Tod überwinden, werden Sie wieder locker und cool. Verschiedene Techniken sind hier möglich – von Yoga über autogenes Training bis hin zur Progressiven Muskelentspannung, die auf Anspannung und Entspannung basiert. Bei dieser so genannten Jacobsen-Methode spannen Sie beispielsweise Ihre Fäuste für fünf Sekunden lang ganz feste an und lockern die Hände dann wieder, lassen sie schlaff fallen. Legen Sie Ihre Stirn feste in Falten und lassen dann wieder los. Krallen Sie die Fußzehen in den Boden und lockern die Füße wieder. So können Sie es mit jedem Körperteil anstellen – etwa 15 Minuten lang am besten in völliger Ruhe ohne jede Störung von außen. Schließen Sie am besten die Augen dabei. Sie werden schnell merken, wie Ihr ganzer Körper entspannt. Diese Entspannung ist

deswegen so einfach und wirkungsvoll, weil sie zu jeder Zeit und an jedem Ort durchgeführt werden kann. Vor allem, wenn Sie die totale Angst befällt, erinnern Sie sich schnell an Anspannung und Entspannung. Diese Methode ist etwas für den Moment.

Wollen Sie generell nachhaltig entspannt werden, empfehlen sich komplexere Techniken, die man auch intensiver erlernen muss – etwa das autogene Training, Yoga oder andere fernöstliche Methoden wie Thai Chi und andere. In der Ruhe liegt die Kraft. Aber nicht jeder hat den gleichen Zugang zu solcher Art von Entspannung, man muss es ausprobieren. Wer sich auf autogenes Training gar nicht einlassen kann, wird damit keine Freude und auch keinen Erfolg haben. Manchen reichen schon ein Spaziergang, die Natur, der Wald, die Felder, das Meer oder die Berge. Probieren Sie aus, was Ihnen dabei hilft, Ihre Angst zu überwinden. Frische Luft tief einzuatmen, ist immer gut, weil es auch das Immunsystem stärkt und die körpereigenen Abwehrkräfte mobilisiert.

Hypnose kann eine weitere Möglichkeit sein, die Angst vor dem Tod zu überwinden und diesen eher auf die leichte Schulter zu nehmen. Wer es nämlich selbst nicht schafft, braucht einen Profi, der ihm die dumpfen Gedanken austreibt. Quasi im Schlaf-Modus gerät der Hypnotiseur an Ihr Unterbewusstsein, wo er sozusagen den Code verändert oder manipuliert, der ständig aus Ihrem Unterbewusstsein Angst vor dem Tod abruft. Dieser Instinkt muss verändert werden.

Man kann das für sich selbst versuchen, in der so genannten **Autosuggestion**, einer Art Eigen-Gehirnwäsche. Unser Unterbewusstsein ist irgendwann einmal programmiert und hat sich verfestigt. Es ruft also in bestimmten Situationen immer die gleichen Gedanken und Handlungen ab – etwa Angst vor dem Tod, wenn wir wieder mal Herzstiche haben oder ein lieber Angehöriger gestorben ist.Sie können nun positive Sätze und Formel dagegensetzen wie „Ich fürchte mich nicht vor dem Tod – Der Tod ist etwas ganz Normales – Ich liebe und lebe und mein Leben – Der Tod ist gar nicht schlimm - Nach dem Tod lebe ich weiter“ und so weiter. Jedes Mal, wenn Sie wieder eine Angstattacke bekommen, dann reden Sie sich selber Mut ein

Einfluss persönlicher Lebensverhältnisse

Noch eins ist sehr wichtig, wenn es um die Angst vor dem Tod geht. Das sind die **persönlichen Lebensverhältnisse**, wie jemand lebt, in welchem Umfeld er sich befindet. Ist jemand **gut vernetzt**, eingebettet in Familie, dann ist die Angst nicht so allgegenwärtig, weil man durch viele Ereignisse abgelenkt ist, **ständig in Bewegung** ist. Man hat Leute um sich, Kinder, Enkelkinder, Geschwister. Es gibt Familienereignisse wie Geburtstage, Weihnachten, Ostern. Man sieht Leben und eben nicht den Tod. Sie

sind mittendrin unter Menschen. Man achtet Sie und sucht Ihre Nähe. Sie sind angesehen. Vielleicht nimmt Sie die Familie sogar mit in den Urlaub. Unter Umständen wohnen Sie auch noch zusammen.

Lebt man dagegen **weitgehend allein**, hat man Zeit zu grübeln. Da kommt schnell der Gedanke an Tod. Was passiert, wenn ich plötzlich umfalle, allein auf dem Boden liege, kann ich überhaupt noch jemanden zu Hilfe rufen? Da ist die Angst viel präsenter, weil man eben nicht abgelenkt wird. Vielleicht sind Ihre **sozialen Netzwerke zusammengebrochen** oder alle Ihre alten Freunde sind gestorben, verzogen oder ausgewandert, Ihre Kinder leben weit entfernt. Sie sind **einsam und alleine**. Dann kommt der Gedanke an Tod und die Angst davor. Hier hilft nur „**Action**". Bauen Sie sich neue Freundeskreise auf. Gehen Sie in den Skat-Club, spielen Sie Schach, organisieren Sie Koch-Partys, scharen Sie Leute um sich. Schalten Sie ab von schwermütigen Gedanken über den Tod und das Sterben. Genießen Sie das Leben. Seien Sie glücklich. Wenn wer in Bewegung ist, viel zu tun hat, kann nicht an den Tod denken und Angst davor haben. Es ist ein gängiges Prinzip in der Psychotherapie. Mit Beschäftigung bringt man Angst- und Depressions-Patienten wieder zurück in die Spur.

Noch etwas **beeinflusst die Angst vor dem Tod** stark: **Ist man gesund oder krank?** Frührentner mit Herzbeschwerden oder Diabetes denken öfter über den Tod nach als gesunde Senioren oder Gesunde generell. Sie sind noch fit zu arbeiten und tun das auch.

„Was sollen wir uns zuhause anöden, da arbeite ich doch lieber noch weiter in Projekten und fliege regelmäßig nach Hause“, oder „Was soll ich mich mit Gedanken an den Tod beschäftigen. Der kommt schon noch früh genug! Ich lebe jetzt, und das jeden Tag, solange ich kann.“

Das ist die richtige Einstellung. Und doch wird man nachdenklich, wenn ein lieber Bekannter mit 60 plötzlich vom Stuhl fällt und tot ist, einen Herzinfarkt erlitten hat, mitten aus dem Leben gerissen wurde. Oder ein Arbeitskollege, den man tags zuvor noch witzig verabschiedet hat, am nächsten Tag dessen Todesnachricht bekommt – mit 60 wie vom Schlag getroffen beim Rasenmähen umgefallen.

Mit Spiritualität vom Diesseits ins Jenseits?

Auf der japanischen Insel Okinawa, wo die meisten Hundertjährigen dieser Welt leben (gemessen am Bevölkerungsanteil), übernehmen die Frauen nach einem erfüllten Leben eine ganz neue Funktion. Wenn sie ihre Kinder großgezogen haben, gehen sie in eine **transzendentale Welt** und werden mit ihrer Spiritualität **Mittler zwischen dem Diesseits und dem Jenseits**. Sie übernehmen quasi den Draht nach oben und sind in dieser

Eigenschaft sehr geachtet. Die Gesellschaft akzeptiert sie quasi als Medium. Durch sie wird den Menschen ein tieferer Sinn des Lebens vermittelt.

Man sagt diesen japanischen Frauen nach, die Menschen auf Erden für das Leben danach einstimmen zu können. Sie vermitteln, dass mit dem Tod nicht alles vorbei ist und man keine Angst vor ihm zu haben braucht. Man weiß nicht genau, woher diese Fähigkeiten, diese Kraft kommt. Nicht alle Frauen auf Okinawa haben diese Fähigkeiten und machen das, andere verrichten weiterhin die Arbeiten, zu denen sie noch fähig sind – wie übrigens auch die Männer. Aber Frauen auf Okinawa sind eben besonders spirituell veranlagt und finden so quasi einen neuen Job in ihrer Gesellschaft.

Ähnliches erlebt man in **China**. Frauen mittleren Alters durchstreifen die Fußgängerzonen der Millionenstädte. Man erkennt sie an einer über Schulter und Brust gehängten simplen Handtasche. Sie **lesen** einem die **Zukunft aus den Händen** und vermitteln Lebenssinn, machen Mut und schwören auf Widergeburt und ein Leben nach dem Tod. Sie nehmen den Menschen die Angst vor dem Tod. Frauen scheinen eher eine Ader dafür zu haben als die nüchtern denkenden und arbeitenden Männer. Man schreibt ihnen mehr Emotion zu, weshalb sie eher über den Sinn des Lebens nachdenken und den Tod, das Sterben weniger fürchten. Gerade Frauen helfen dabei, diese Angst zu verlieren.

Versuchen Sie es mal mit Esoterik

Gerade die Esoterik kann die **Angst vor dem Tod nehmen**, weil sie eine Geisteshaltung ist, die nicht alles in biologischen Dimensionen sieht, den Körper nur in Molekülen zerteilt. Und ganz wichtig: **Esoterik glaubt an Wiedergeburt**, an ein Leben nach dem Tod, ja, die Seele entwickelt sich sogar von Leben zu Leben evolutionär zum Besseren, wenn der Mensch das anstrebt.

In der Antike bezeichnete man Esoterik als **religiöses Geheimwissen**, dass nur einem bestimmten Kreis zugänglich ist. Das altgriechische Wort esoteros mit „zum inneren Kreis gehörig" übersetzen. Die Esoterik hat Lebensanschauungen wie zum Beispiel, dass Kräfte und Einflüsse außerhalb naturwissenschaftlicher Weltanschauungen existieren. Je weiter der Mensch in den Kosmos vordringt und das Leben erforscht, werden alte Ansichten über Bord geworfen, weil sie einfach nicht mehr stimmen und sich als falsch erwiesen haben. Im Mittelalter beispielsweise galt die Erde als Scheibe und hat die katholische Kirche die Erde als Mittelpunkt der Welt, des Kosmos betrachtet.

In der Esoterik stößt man aber auch schnell an die **Grenzen des üblichen Verstandes**, weil man sich mit einer so genannten **Innenseite** aller Dinge, Ereignisse und aller Wesen befassen muss. Oder verstehen Sie etwa den Strom so einfach, der aus Ihrer Steckdose kommt? Sie begreifen ihn nicht, wenn Sie nicht die Hintergründe seiner Entstehung kennen. Und Sie kennen seine Gefahren nicht.

Die Esoterik heutiger Zeit stellt einen Sammelbegriff dar für **weltanschauliche Strömungen**, die gemeinsam Zusammenhänge aus **geistiger, metaphysischer** Sicht erklären und die eine rein naturwissenschaftliche Betrachtungsweise ablehnen. Esoterik erklärt man am anschaulichsten, indem man nach außen sichtbare Teilbereiche nennt – wie etwa **Spiritualität, Astrologie, Okkultismus, Magie, Geomantie** (Erdwahrnehmung oder die Kunst Lebensräume nach den Bedürfnissen der menschlichen Seele im Einklang mit der Ortskraft zu gestalten), aber ebenso auch **alternative Medizin und die UFO-Forschung**.

Die Esoterik vereint heute Wissen aus unterschiedlichen Religionen, Philosophien und Lebensanschauungen. Sie sieht sich inhaltlich als allumfassende und universalreligiöse Weltanschauung. Seit den 80ger Jahren des vorigen Jahrhunderts ist sie zu einer Massenbewegung geworden. Gott wird dabei als höchste Schwingung und als vollkommene Liebe gesehen.

Die Esoterik empfiehlt **Gebete und Meditationen**, die persönliche und universelle Liebe, den Umgang mit der Schöpfung, eigenen Lebenszielen, die Reflexion von Schicksalsschlägen, den Umgang mit Naturelementen wie Wasser, Wasseradern, der Erde, Edelsteinen, Düften oder Arzneimitteln, der Ernährung bis hin im Einzelfall der Sexualität.

Zur Esoterik gehören aber auch Praktiken wie das Legen von **Tarot** Karten, **Pendeln**, **Wünschelruten**, **Astrologie**, **Homöopathie**, **Reiki**, **Bachblüten**, **Feng-Shui**, **Edelstein-Therapie oder I-Ging** und eine so genannte **Reinkarnations-Therapie**. Esoteriker glauben, ihr eigenes und das Leben andere zum Beispiel bei Krankheit oder psychischen Beschwerden sehr stark durch persönliche Einstellungen, Gebete, Rituale oder Gedankenkraft beeinflussen können.

Esoterik nimmt die Drohgebärde des Todes, vermittelt ein angenehmes Gefühl – Gott und Mensch oder jedes andere Lebewesen sind nur wenige Moleküle voneinander entfernt, eben **gleich**. In welcher Form der Mensch wiedergeboren wird, ist egal, die **Seele entwickelt sich weiter**, wenn man es will – zum Positiven bei jedem neuen Leben. Der Tod ist nicht schlimm, im Gegenteil: erstrebenswert, nämlich auf die nächst höhere Stufe.

Wie helfen Kirche und Glaube?

Man kann sich die ganze Welt auch rein **religiös** erschließen und **Kraft aus seinem Glauben schöpfen**. Die christlichen Kirchen vermitteln ein Leben nach dem Tod. Das irdische Leben geht mit dem Tod nicht zu Ende. Es war also nicht sinnlos. Der Tod öffnet die Pforten zum Himmel, zu Gott, zur unendlichen Liebe.

Selbst der **Trauergottesdienst** wird zwar bedrückend, aber doch zu einem **fröhlichen Ereignis**: von den irdischen Leiden befreit hin zu einem angenehmeren Leben. Es werden Lieder gesungen, ein Geistlicher lässt noch einmal das Leben des Gestorbenen Revue passieren, positive Erinnerungen werden wach – wir werden uns alle im Himmel wiedersehen.

Wer gläubiger Christ ist, der glaubt an Gott und an ein Leben nach dem Tod. Sicher, es gibt auch viele Christen, die sich ein unendliches Leben gar nicht gut vorstellen können. Und dennoch beten sie, hören die zuversichtliche Predigt und schöpfen neue Kraft.

Gerade Kirchen bieten heute auch **Diskussionsgruppen** zu allen möglichen Themen an: Sinn des Lebens, Wiedergeburt, Leben nach dem Tod, Auferstehung, Sünde, Vergebung, christliches Leben. Denn die Zeiten des nur Gottesdienstes mit Predigt sind vorbei. Die

Menschen wollen diskutieren und die Sinnfrage des Lebens geklärt haben.

Kirche und Glaube nehmen die Angst vor dem Tod. Vor allem ältere Menschen versöhnen sich wieder gerne mit ihrer Kirche. In den Gottesdiensten sieht man überwiegend Senioren. Der Gedanke an den Tod beschäftigt natürlich Alte mehr als Junge. Also denken sie auch intensiver darüber nach – wie ist das nun mit meiner Bestattung, nach welchem Ritus möchte ich beerdigt werden?

Denn wer aus der Kirche ausgetreten ist, hat es schwer, vernünftig unter die Erde zu kommen. Manche Konfessionen sehen es lockerer, andere verweigern sich hier voll. Es gibt zwar heutzutage mehr und mehr professionelle „Bestattungs-Zeremonienmeister", die wie Geistliche der großen Kirchen jemanden beerdigen. Aber dennoch verspüren Menschen am Ende ihrer Tage doch den innigen Wunsch, ihrem eigentlichen Glauben entsprechend beigesetzt zu werden.
Viele kehren nach jahrelanger Abstinenz zurück in ihre Kirche, wobei man eins **unterscheiden** muss: **Kirche und Glaube**. Viele können heutzutage nur noch wenig mit den Amtskirchen als Institutionen anfangen. Sie glauben ja auch nicht der Einrichtung Kirche, sondern ihrem protestantischen, katholischen oder freikirchlichen Glauben. Man kann auch **gut zu Hause für sich im stillen Kämmerlein beten**, dazu bedarf es nicht großer Paläste. Und die Kraft, keine Angst vor dem Tod zu haben, schöpft man ja aus seinem Glauben, nicht aus seiner Kirche.

Natürlich gibt es auch jede Menge Menschen, die an **nichts glauben** und bekennende **Atheisten** sind. Sie haben mit keinem Gott etwas zu tun. Sie glauben weder an ein weiteres Leben nach dem Tod noch an irgendeine Religion. Ihr einziger Glaube ist das Jetzt und dass **mit dem Tod alles vorbei** ist. Danach kommt nichts mehr. Sie haben gelebt und das war´s dann auch.

Ob sie Angst vor dem Tod haben? Vielleicht sogar mehr als gläubige Christen, nur sie verbergen sie geschickt, schieben vielleicht den Genuss vor und töten ihre Gefühle mit Alkohol oder anderem ab.

Vordergründig und oberflächlich wollen sie nichts mit dem Tod und Sterben zu tun haben. Ich möchte nicht wissen, wie es wirklich in ihrem Innern aussieht.

Meditation über den Tod?

Über Meditation als eine Art der Entspannung haben Sie oben bereits gelesen. **Yoga** ist zum Beispiel so eine Technik. Man setzt sich hin, schlägt die Beine übereinander (Schneidersitz) und kommt zu vollständiger innerer und äußerer Ruhe. Man schließt dabei die Augen, faltet die Hände zusammen und kommt zu sich selbst, denkt erst mal an gar nichts. So entspannt man. Nun kann man dabei auch über den Tod sinnieren.

Was bedeutet Tod für einen persönlich? Was passiert danach, wie will ich mich fühlen in meiner letzten Stunde, wie vom Leben in den Tod übergehen? Wie erreiche ich es, dass es mir dabei gut geht, dass ich mich wohlfühle? Wie finde ich durch Meditation eine bessere Einstellung zum Tod, wie begegne ich leichter dem Sterben? Wer durch Meditation eine **andere Einstellung zum Leben** findet, bekommt sie **auch zum Tod** – automatisch.

Nicht jeder kann meditieren, dazu braucht man einen gewissen Draht. Es gibt total nüchtern denkende Menschen, absolute Realisten, die für Fantasie wenig übrighaben. Die steigen auch nie solche meditativen Welten ein. Man muss **Zugang** dazu haben, sich darauf **einlassen** können. Man darf auch **keine Angst** vor Meditation haben – wie etwa vor Hypnose. Es gibt Menschen, die sich vor einem **Kontrollverlust** über ihren Körper fürchten. Da könnte etwas mit ihnen passieren, was sie vielleicht gar nicht so wollen. Es ist ihnen einfach unheimlich, sie haben Angst davor.

Es gibt auch Menschen, die sich auf autogenes Training nicht einlassen können, weil man auch da einiges von sich selbst abgeben muss. Man verliert während des „Schlafs" – ja, manche nicken bei der Entspannung ein – Kontrolle über sich selbst. Und man muss beim autogenen Training bestimmte Dinge anstellen, die manche einfach nicht können – so auch bei der Meditation. Sich fallen lassen zum Beispiel, seine Muskeln erschlaffen lassen, abschalten, ruhig werden, keine Gedanken-Grübelei und so weiter.

Viele Naturvölker bedienen sich der Meditation vor allem deswegen, um Zugang zu ihren Göttern zu bekommen. Meist haben sie dabei einen hohen Priester, **Schamanen** oder **Voodoo**-Meister. Voodoo zum Beispiel ist eine spirituelle Praxis, die durch Tanz, Musik und entsprechende aufputschende Natur-Getränke in einen **Trance**ähnlichen Zustand führt. Etwa 60 Millionen Anhänger hat der Voodoo Kult (oder diese Art von Religion) weltweit vor allem in Afrika und der Karibik. In Trance sind die Teilnehmer nicht mehr sie selbst, es ist wie eine Betäubung.

Sie treffen ihre Götter und sind eins mit ihnen, fürchten sich nicht mehr vor dem Tod. Es hat viel mit Magie und Illusion zu tun. Schamanen gelten ja als Ärzte, die mit Heilkräutern aus der Natur arbeiten, aber auch mit Symbolen und Fetischen. Der Schamane betet und singt, ruft die Götter an, berührt und braut einen Trunk, eine Art Medizin. Indem er die Angst vor der Krankheit nimmt, bekämpft er auch die Furcht vor dem Tod.

Alternative Medizin

Viele Menschen fühlen sich in der Schulmedizin nicht mehr gut aufgehoben und flüchten sich in alternative Methoden. Diese beziehen den ganzen Menschen ein, sein Umfeld, seine Erziehung, seine Vita, den Körper natürlich, aber auch sein Denken und seine Ängste. Ganzheitliche Behandlung nennt man das. Genau hier ist der Punkt, wo alternative Medizin den Hilfsbedürftigen abholt, auch den seelisch Kranken, den Ängstlichen. Alternative Medizin sieht nicht nur die rein körperliche Krankheit, die Magen- oder Kopfschmerzen, den Durchfall oder Husten, sondern insbesondere auch das **Immunsystem**. Angst vor dem Tod kann dies nämlich schwächen und den Körper dann sehr anfällig für Keime, Bakterien und Viren machen. Wenn man nun den Patienten als Ganzes sieht, ihn mit allen seinen Problemen betrachtet, stößt man in ganz andere Dimensionen vor.

Man nimmt ihm zunächst die Angst vor dem Sterben und heilt dann seine körperlichen Beschwerden. Alternativ-Mediziner haben gerade deswegen so **großen Zulauf**. **Körper, Geist und Seele in einem Zusammenhang** sehen und daraus die richtige Diagnose erstellen, das ist es, was Menschen wirklich heilt. So verlieren Sie Ihre Angst vor dem Tod und schöpfen neue Zuversicht fürs Leben.

Schlusswort

Sie brauchen keine Angst vor dem Tod zu haben. Legen Sie das Thema beiseite. Bereiten Sie sich darauf vor mit allem, was geregelt werden muss. Aber mehr auch nicht. Und dann genießen Sie Ihr Leben. Man lebt auf dieser Welt schließlich nur einmal. Was danach kommt, steht in den Sternen. Also quälen Sie sich nicht selbst mit ungelegten Eiern.

Wir wissen es nicht, was nach dem Tod kommt. Solange die Wissenschaft keine Antwort darauf gefunden hat, sollten wir uns auch damit nicht herumplagen. Genießen Sie Ihr momentanes Leben und beeinträchtigen Sie es nicht mit Angst. Wenn der Zeitpunkt gekommen ist, wird es kein schwerer Abschied, im Gegenteil: Die moderne Medizin hilft uns dabei, schlafend vom Leben in den Tod zu kommen – alles halb so schlimm.

Führen Sie ein gutes Leben, damit Sie im Tod nicht schlechte Gedanken oder gar ein schlechtes Gewissen quälen. Machen Sie vorher reinen Tisch und nehmen keine dunklen Geheimnisse mit ins Grab. Dann gehen Sie in Frieden und schlafen ruhig ein. Freuen Sie sich auf das, was danach kommt – wie ein kleines Kind, das erwartungsvoll ein neues Geschenk auspackt. Nehmen Sie sich ein Beispiel an der Unbekümmertheit der Kleinen. Aber nun gilt erst einmal:

Genießen Sie Ihr Leben!

Uwe Strakosch

Vor einigen Jahren hatte ich ein einschneidendes Erlebnis bei meinem ersten Besuch eines Festivals, das meine bisherige Welt, meinen Alltag ins Wanken brachte. Ich erfuhr durch eine Begegnung und fühlte es auch in mir, dass es weit wichtigeres gab als das Funktionieren in der heutigen Gesellschaft. Nämlich dass wir Menschen wieder unseren Herzen folgen sollen, denn unser Herz irrt nicht und führt uns, auch wenn es manchmal unklar erscheint den richtigen Weg, hin zu unserer Bestimmung, unserem Lebenssinn. Doch wie konnte ich diesem Ruf meines Herzens noch mehr folgen. Ich erinnerte mich wieder, an die Interessen in meiner Jugend, ARTUS, MERLIN, Tugenden der Ritter und Edelleute und fand mich schließlich in einer Ausbildung des OBD (Order of Barts and Druids) wieder. Die mich wieder zur Verbundenheit mit der Natur und unseren Wurzeln führte. Ich spürte aber das war noch nicht der Weg für mich, bis ich auf eine Ausbildung zum Schamanen stieß. Ja, das war der Weg, in Liebe verbunden mit allem beseelten zu sein, den Menschen dabei zu helfen auf sich selbst zu hören. Nur so gibt es Zufriedenheit, sein Leben zu leben, seinem Herzen zu folgen. Menschen wieder auf diesen Weg zurück zu unseren Wurzeln zu bringen, sie dabei zu unterstützen.

Durch diese Ausbildung bekommt man auch ein Verständnis dafür, dass unser Leben nach dem Tod nicht vorbei ist, dass alles einen Sinn hat, den wir mit unserem Verstand nur nicht erschließen können. Welche Ängste uns beunruhigen, woher sie kommen, und wie man dagegen ankommt. Wir müssen hinter diese Ängste schauen, um uns mit dem auseinanderzusetzen, was uns dort erwartet. So kam ich auf die Idee zu diesem Buch, das Menschen helfen soll, besser mit der Angst vor dem Tod und auch der Trauer umgehen zu können. Ihr Leben zu leben und nicht in Angst zu verharren. Denn Angst egal welcher Art macht krank.

Das Thema dieses Buches ist auch ein Workshop von Tanja Anninger und mir, den wir sich wiederholend anbieten um es auch erlebbar zu machen, durch Meditation, Trommelreisen und Erklärung der Zusammenhänge das wir keine Angst vorm Tod zu haben brauchen. Auch Trauer gehört zum Tod dazu, sie ist ein Verarbeiten, das aber nicht übermächtig werden darf.

Mehr zu unseren Angeboten auf:

www.avalon-zeit-des-aufbruchs.de
www.anninger-tanja.de

Der Tod ist nicht das Ende

Uwe Strakosch

www.avalon-zeit-des-aufbruchs.de

Buchdesign Uwe Strakosch

Fotografie:

www.pixabay.com

Cover: Darkmoon_Art
Bild Seite 3: Falco Zen
Bild Seite 66: Ennaej